부자가 되기 위한 욕심보다 독서로 더 많은 지식을 취하라.
부는 일시적인 만족을 주지만, 지식은 평생토록 마음을 부자로 만들어 준다.
-소크라테스

_____학교 ____학년 ____반 이름_____

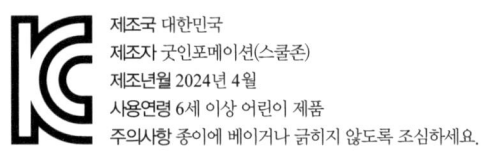
제조국 대한민국
제조자 굿인포메이션(스쿨존)
제조년월 2024년 4월
사용연령 6세 이상 어린이 제품
주의사항 종이에 베이거나 긁히지 않도록 조심하세요.

독서기록장 – 고학년용 ISBN 978-89-94113-19-7 73370 ‖ 기획 그루터기 ‖ 일러스트 오성수 ‖ 펴낸이 정혜옥 ‖ 펴낸곳 스쿨존
초판 1쇄 펴낸날 2008년 9월 5일 ‖ 개정 7쇄 2024년 4월 30일 ‖ 출판등록 2007년 4월 12일 제 322-2007-000300호
주소 04779 서울시 성동구 뚝섬로 1나길 5(헤이그라운드) 7층
전화 02)929-8153 ‖ 팩스 02)929-8164 ‖ E-mail goodinfobooks@naver.com

■ 스쿨존은 굿인포메이션의 자회사입니다. ■ 잘못된 책은 본사나 구입하신 서점에서 바꾸어 드립니다.

도서출판 스쿨존은 교사, 학부모님들의 소중한 의견을 기다립니다.
책 출간에 대한 기획이나 원고가 있으신 분은 이메일 goodinfobooks@naver.com으로 보내주세요.

 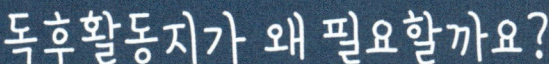

독후활동지가 왜 필요할까요?

책 읽기의 중요성이 날로날로 늘어나고만 있습니다. 모든 공부의 시작은 독서에서 비롯된다고 하죠. 독서는 공부 잘하고 현명한 아이로 키우는 우선순위에 손꼽히고 있습니다. 성공한 사람들은 대부분 독서가 취미이고, 우등생 인터뷰를 보면 독서로 공부의 기본기를 닦았다는 이야기를 심심찮게 합니다. 다독이든, 남독이든, 한 권을 제대로 읽는 몰입식 독서든 각자의 취향과 목적에 맞는 독서로 지식과 지혜의 자양을 키워야 할 것입니다.

가끔 엄마들이 이런 말씀을 하세요. "우리 아이는 책은 참 많이 읽는데… 성적이 오르지 않아…!" 만약 그렇다면 독후 활동에 문제는 없는지 한번 점검해 보시기 바랍니다. 독후 활동이 반드시 의무적이어야 할 필요는 없지만 느낌 몇 줄, 퀴즈 몇 개, 토론 거리 한두 개를 찾아보는 간단한 노력만으로도 독서 효과가 배가 됩니다.

하지만 선생님도 부모님도 아이들의 독후 활동을 어떻게 지도할까 고민이 참 많습니다. 특히 집에서 부모들이 독서지도를 하기엔 마땅한 자료가 없어서 막막해 합니다. 부모가 함께 읽고 퀴즈를 낸다거나 토론 거리를 찾아낸다면 좋겠지만 마음처럼 쉽지 않습니다. 서점에 나가서 이것저것 책도 찾고 인터넷도 뒤지지만 알맞는 독서록을 만나기가 힘듭니다. 이 책은 그런 부모님, 선생님의 바람을 한자리에 모은 것입니다. 아이들은 책을 읽은 후 자신이 표현하고 싶은 주제의 독서활동지를 찾아 부담 없이 적을 수 있게 하였고, 부모님은 그것을 통해 아이의 독서 활동을 확인할 수 있고 대화 모티브를 찾을 수 있을 것입니다.

책 읽기의 목적은 책에서 얻은 지식이나 영감을 자신의 삶에 적용하고 문제해결 능력을 키우는 것입니다. 성공한 이들은 책장을 덮는 것에서 멈추지 않습니다. 생각과 느낀 점, 배운 점을 글로 표현하고 토론하는 과정을 통해 자기 것으로 꾹꾹 다져 놓습니다. 독후 활동을 통한 생각 정리와 글쓰기로 기본기가 튼튼히 다져진다면 서술형 평가의 비중이 높아지고, 논술 및 토론의 중요성이 날로 커지는 등 변화무쌍한 입시제도가 더 이상 두렵지 않을 것입니다.

이 책의 특징

1. 내 맘대로 뜯어 쓰는 160여 종류의 독후록

- 골라 쓰는 재미가 있다!
- 순서대로 사용할 필요는 없습니다. 책의 성격에 맞거나 마음에 드는 시트를 골라 사용하면 됩니다.

2. 내 맘대로 편집한다

- 개성 가득한 나만의 독서록을 만들어 보세요.
- 하나하나 뜯어서 사용한 후 황화일이나 클리어파일에 넣어 정리해 보세요. 나만의 근사한 독후파일이 될 것입니다.

3. 다양한 독후활동지, 글쓰기 양식서 종망라

- 갖가지 방식으로 독후 활동을 해 보세요. 사고력이 확장됩니다.

4. 지루하고 똑같은 독서록은 가라

- 심플하면서도 아기자기한 디자인… 저절로 글이 써져요! 글쓰기가 싫증 날 때 같은 내용, 다른 디자인의 시트를 써 보세요.

5. 내게 맞는 수준별 시트로 생각하는 힘을 길러요!

- 무조건 채운다고 실력이 향상되진 않아요. 똑같은 주제의 시트도 차근차근 단계별로 생각하며 쓰는 연습을 해보세요.

활용 방법

1. 독서기록표, 북트리

아이가 읽은 책이 쌓이면 무엇을 읽고 안 읽었는지 정리하는 습관도 필요합니다. 얼마나 읽었는지 그 양이 눈에 보이면 책 읽기에 의욕을 더 내게 되겠지요. 아이가 잘 보이는 곳에 붙여 놓고 스티커를 하나씩 붙여가는 재미를 더해 보세요. 독서기록표에 책 제목, 지은이, 날짜와 간단한 느낌까지 기록해 놓는다면 시간이 지나서도 읽은 책에 대한 기억이 살아있겠죠?

2. 마인드맵 독서록

마인드맵은 내용 구성을 파악하는 데 최고의 도구라 생각합니다. 꼬리에 꼬리를 물어 생각하는 연습을 하다 보면 논리적인 글을 쓰는 데 뼈대를 형성할 수 있습니다. 계속 나무줄기를 이어왔다면 마지막엔 완성된 숲을 보면서 전체를 보는 눈을 키워 주세요.

3. 만화 독서록, 독서감상화 독서록

인상 깊고 재미난 장면을 자유롭게 그림으로 그려 보거나, 6쪽짜리 만화로 그려 보세요. 글쓰기가 스트레스가 되는 아이에겐 그림 그리기가 좀 더 쉽고 친근할 거예요. 형식에 얽매이지 않고 자유롭게 일단 그리세요. 그림이 완성되면 그 장면을 왜 그렸는지 아이가 그림을 설명하는 시간을 꼭 가지세요. 이 단계별 과정을 거치면 글쓰기가 두통거리가 아닌 만만한 놀이의 연장선이 될 겁니다.

4. 6하원칙, 서론·본론·결론, 기·승·전·결 독서록

무조건 원고지에 독후감을 써 보라고 하면 스트레스 만땅이죠. 처음엔 뼈대 잡는 연습이 참 중요합니다. 뼈대 잡는 연습이 되어 있는 아이는 백지도 무섭지 않습니다. 6하원칙에 따라 이야기 속 사건을 '언제, 누가, 왜, 어디서, 무엇을, 어떻게'에 맞춰 써 보세요. 6하원칙의 기본 틀에 맞춰 쓰는 게 익숙해지면, '서론·본론·결론'으로 나눠서 써 보세요. 아이의 눈높이에 맞춰 '기·승·전·결' 쓰기 연습까지…. 이게 바로 뼈대 잡기 훈련입니다. 단계별로 꾸준히 하다 보면 글쓰기가 더 이상 막막하지 않을 거예요. 여기에 인상 깊은 장면과 느낌 몇 줄만 덧붙인다면 훌륭한 독후감이 됩니다.

5. 제목으로 (삼행) 시 짓기 독서록

읽은 책의 제목을 가지고 책의 줄거리와 연결시켜 (삼행) 시를 지어 보세요. 책 내용과 연관되면 더 좋지만 그렇지 못하더라도 실망 말아요. 우리 아이의 번뜩이는 재치를 발견하고 상상력을 자극하는 연습이 될 거예요.

6. 떠오르는 낱말 적기, 어휘력 쑥쑥 독서록

아직 어려운 단어가 많지요? 책을 읽다가 모르는 단어가 보이면 연필로 보기 좋게 동그라미로 그려 놓으세요. 다 읽고 나면 잊지 말고 사전을 찾아서 그 뜻을 찾고 적어 보는 거예요. 그리고 다른 문장에는 어떻게 사용되었나 살펴보는 것도 잊지 말고요. 인터넷 용어가 범람하는 요즘, 책을 통해 아름다운 우리말을 아이들이 익힐 기회를 주세요. 그리고 사전 찾는 습관을 길러주는 것도 잊지 마시고요. 어휘력은 아무리 강조해도 지나치지 않아요.

7. 저자와의 인터뷰 독서록

기자가 되어 저자와 인터뷰를 해보아요. 책을 읽으면서 저자에게 궁금했던 점을 쓰고, 또한 저자가 되어 답도 만들어 보세요. 가상 인터뷰는 아이의 호기심을 자극하고 질문하고 답하는 과정을 통해 깊이 있게 생각하고 상상하는 훈련이 될 거예요.

8. 읽은 책 소개하기 독서록

그냥 아는 것과 아는 것을 설명하는 것은 하늘과 땅 차이입니다. 설명하려면 정말 나만의 것으로 소화해야 하고, 소화하는 과정이 곧 이해하는 과정이니까요. 부끄럼 많은 아이에겐 사람들 앞에서 의연하게 말하는 법도 같이 배우게 되니 일석이조의 효과가 있을 거예요.

9. 토론 거리 찾기 독서록

주제를 고른 후 찬성과 반대의 입장을 논리적으로 전개해 보세요. 사고가 확장되려면 책에서 주는 메시지를 그대로 흡수하는 것보다는 자기 의견을 가지고 다른 사람들과 생각을 나누는 과정이 꼭 필요합니다. 왜 그 입장을 가지게 됐는지 정당한 뒷받침 의견을 함께 생각할 수 있도록 자극을 주고, 정리할 수 있도록 시트를 활용해 보세요.

10. 뒷이야기 이어쓰기, 나라면 이랬을 텐데…

지금까지 수동적인 책 읽기를 해왔다면 능동적인 책 읽기 능력을 키워 주세요. 이야기 속 주인공과 인물들의 성향을 비교해 보고, 나라면 다르게 행동하지 않았을까 의문점도 가져 보고, 이야기의 결말에 이어서 그다음 이야기를 풀어 갈 수 있도록 아이의 상상력을 자극해 보세요.

11. 독서논술 독서록

책을 읽고 논술할 주제 거리를 찾아 글을 써보세요. 주제를 정하고, 책에서는 어떻게 설명되었나 살펴본 뒤 나의 의견을 달아보고 그렇게 생각한 이유를 3가지 이상 써 보세요. 논리적인 글의 심화 단계까지 차근차근 밟아 올라가면 아이의 사고의 폭도 확장되어 있을 겁니다.

12. 같은 주제의 다양한 독후활동지

똑같은 독후활동지도 매번 사용하면 지루해지기 쉽죠. 아이의 눈높이와 흥미에 맞춰 마인드맵, 북트리, 원고지 등 수준별, 취향별로 각각 골라서 사용해 보세요. 내 맘대로 골라 쓰는 독서록, 글쓰기가 더 이상 두려움이 아닌 재밌는 놀이가 될 것입니다.

13. 개요짜기, 600자 원고지 독후감, 논술독후감, 800자 원고지 독후감

여러 가지 글쓰기 연습을 충분히 했다면 이젠 원고지에 독후감을 써 보세요. 요즘 아이들은 깊이 고민해 가며 연필로 꾹꾹 눌러쓰는 글쓰기보다 컴퓨터 타이핑에 더 익숙하지요? 원고지는 띄어쓰기와 문단 들여쓰기, 문장부호를 민감하게 익힐 수 있습니다. 뿐만 아니라 한번 쓰기 시작하면 중간에 되돌릴 수 없기 때문에 전체적인 얼개를 머릿속에 먼저 그려보는 훈련을 하기엔 더없이 좋습니다. 아이의 수준에 맞춰 600자, 800자 쓰기에 도전해 보세요.

2018년 1월
그루터기

나의 Book Tree

_____학교 ____학년 ____반 이름_____

🍎 한 권씩 읽을 때마다 스티커를 한 장씩 붙여 주세요. 스티커 위에 읽은 날짜까지 써주는 센스~

나의 Book Tree

_____학교 ____학년 ____반 이름_____

🍎 한 권씩 읽을 때마다 스티커를 한 장씩 붙여 주세요. 스티커 위에 읽은 날짜까지 쓴다면 금상첨화!

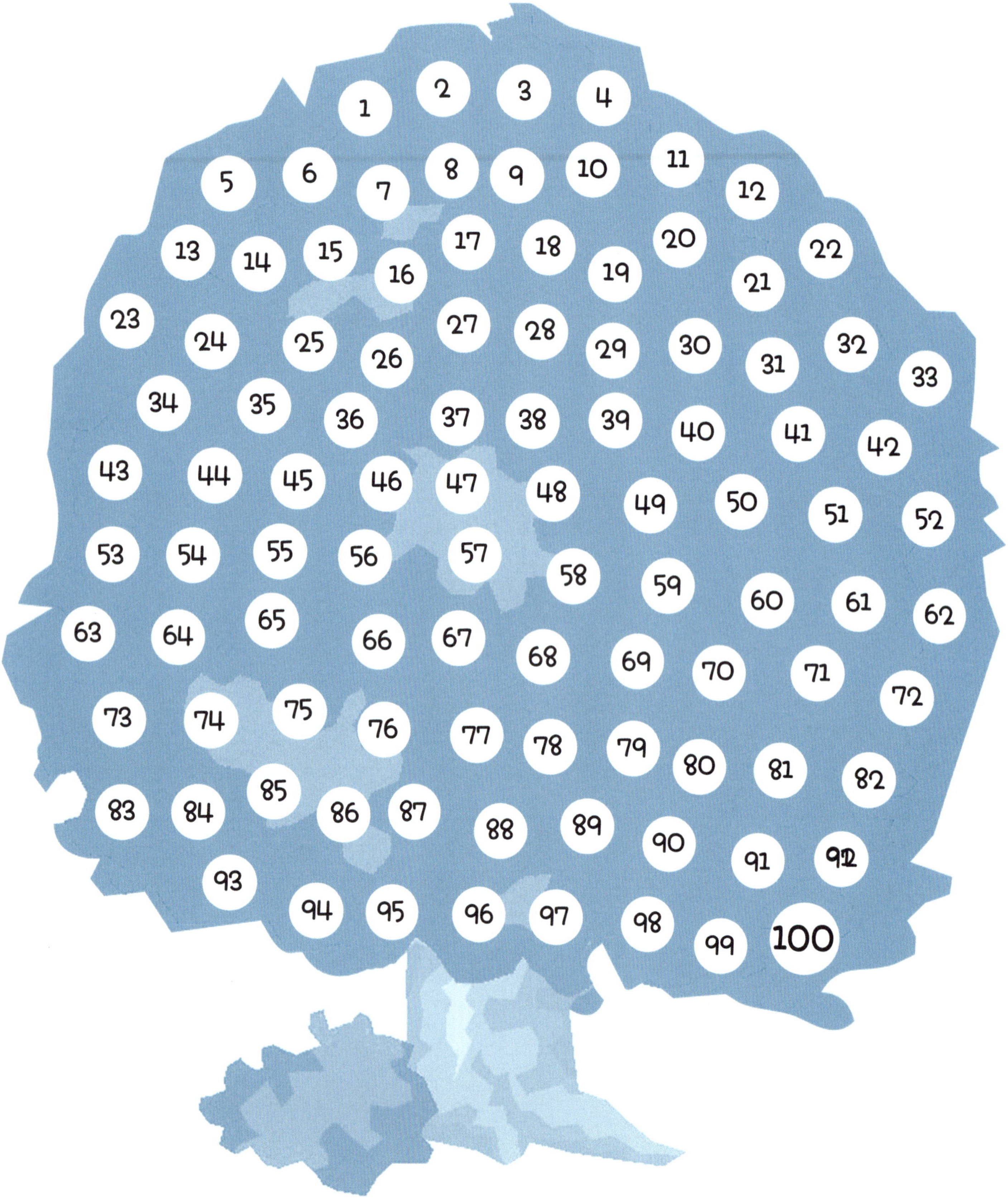

 이만큼 읽었어요

_____학교 ____학년 ____반 이름_____

No.	책 제목	지은이	쪽수	읽은 날	점수 매기기	확인
1					☺☺☺☺☺	
2					☺☺☺☺☺	
3					☺☺☺☺☺	
4					☺☺☺☺☺	
5					☺☺☺☺☺	
6					☺☺☺☺☺	
7					☺☺☺☺☺	
8					☺☺☺☺☺	
9					☺☺☺☺☺	
10					☺☺☺☺☺	
11					☺☺☺☺☺	
12					☺☺☺☺☺	
13					☺☺☺☺☺	
14					☺☺☺☺☺	
15					☺☺☺☺☺	
16					☺☺☺☺☺	
17					☺☺☺☺☺	
18					☺☺☺☺☺	
19					☺☺☺☺☺	
20					☺☺☺☺☺	
21					☺☺☺☺☺	
22					☺☺☺☺☺	
23					☺☺☺☺☺	

No.	책 제목	지은이	쪽수	읽은 날	점수 매기기	확인
24					☺☺☺☺☺	
25					☺☺☺☺☺	
26					☺☺☺☺☺	
27					☺☺☺☺☺	
28					☺☺☺☺☺	
29					☺☺☺☺☺	
30					☺☺☺☺☺	
31					☺☺☺☺☺	
32					☺☺☺☺☺	
33					☺☺☺☺☺	
34					☺☺☺☺☺	
35					☺☺☺☺☺	
36					☺☺☺☺☺	
37					☺☺☺☺☺	
38					☺☺☺☺☺	
39					☺☺☺☺☺	
40					☺☺☺☺☺	
41					☺☺☺☺☺	
42					☺☺☺☺☺	
43					☺☺☺☺☺	
44					☺☺☺☺☺	
45					☺☺☺☺☺	
46					☺☺☺☺☺	
47					☺☺☺☺☺	
No.	책 제목	지은이	쪽수	읽은 날	점수 매기기	확인
48					☺☺☺☺☺	

내가 읽은 책

어떤 책은 맛보고, 어떤 책은 삼키고, 소수의 어떤 책은 잘 씹어서 소화해야 한다. -베이컨

나의 목표! _____ 권
목표달성기간! _____ 월 _____ 일 ~ _____ 월 _____ 일까지

No.	책 제목	읽은 날	한 줄 느낌 쓰기	나의 평가(별점주기)
1				☆☆☆☆☆
2				☆☆☆☆☆
3				☆☆☆☆☆
4				☆☆☆☆☆
5				☆☆☆☆☆
6				☆☆☆☆☆
7				☆☆☆☆☆
8				☆☆☆☆☆
9				☆☆☆☆☆
10				☆☆☆☆☆
11				☆☆☆☆☆
12				☆☆☆☆☆
13				☆☆☆☆☆
14				☆☆☆☆☆
15				☆☆☆☆☆
16				☆☆☆☆☆
17				☆☆☆☆☆
18				☆☆☆☆☆
19				☆☆☆☆☆
20				☆☆☆☆☆

독서 활동 누가 기록

일 ~ 일까지

학년 반 번 이름

달성목표 권

독서가 정신에 미치는 효과는 운동이 신체에 미치는 효과와 같다. -리처드 스틸

No.	책 제목	읽은 날	한 줄 느낌 쓰기	나의 평가(별점주기)
1				☆☆☆☆☆
2				☆☆☆☆☆
3				☆☆☆☆☆
4				☆☆☆☆☆
5				☆☆☆☆☆
6				☆☆☆☆☆
7				☆☆☆☆☆
8				☆☆☆☆☆
9				☆☆☆☆☆
10				☆☆☆☆☆
11				☆☆☆☆☆
12				☆☆☆☆☆
13				☆☆☆☆☆
14				☆☆☆☆☆
15				☆☆☆☆☆
16				☆☆☆☆☆
17				☆☆☆☆☆
18				☆☆☆☆☆
19				☆☆☆☆☆
20				☆☆☆☆☆

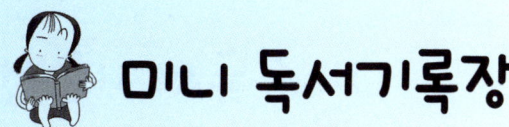# 미니 독서기록장

학교 　학년 　반 이름

도서명		읽은 날	
지은이	출판사	확인	

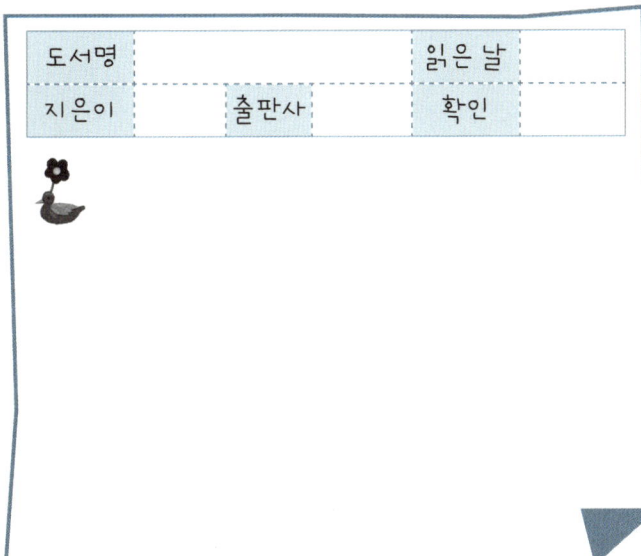

도서명		읽은 날	
지은이	출판사	확인	

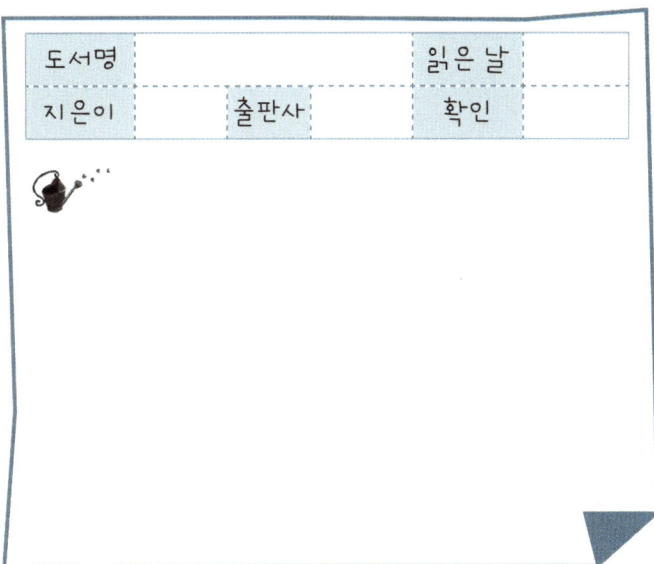

도서명		읽은 날	
지은이	출판사	확인	

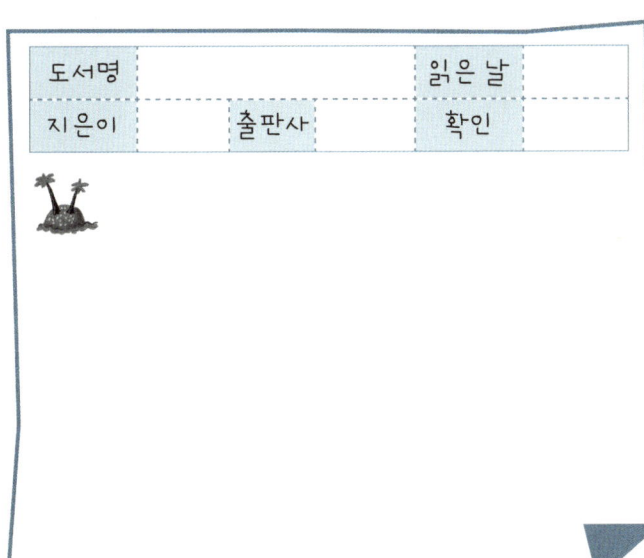

도서명		읽은 날	
지은이	출판사	확인	

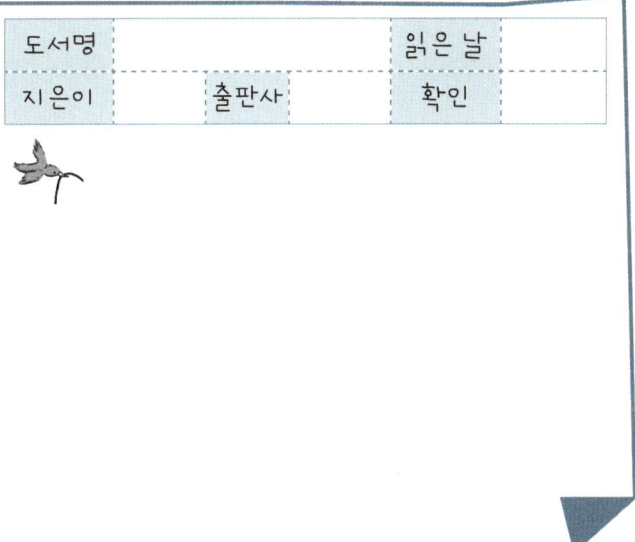

도서명		읽은 날	
지은이	출판사	확인	

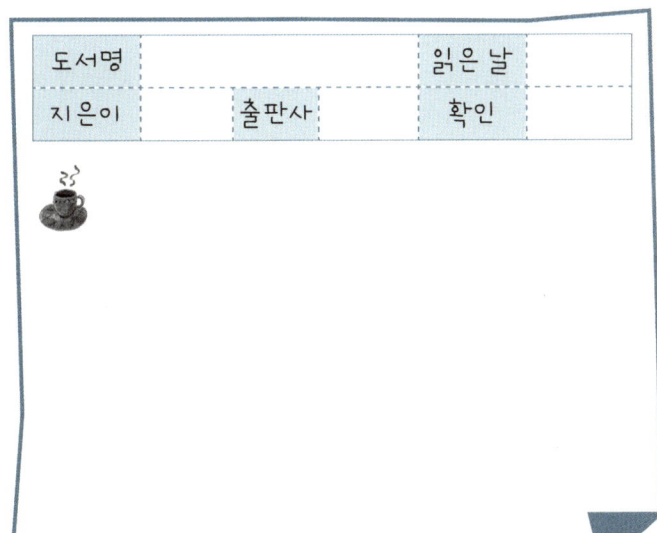

도서명		읽은 날	
지은이	출판사	확인	

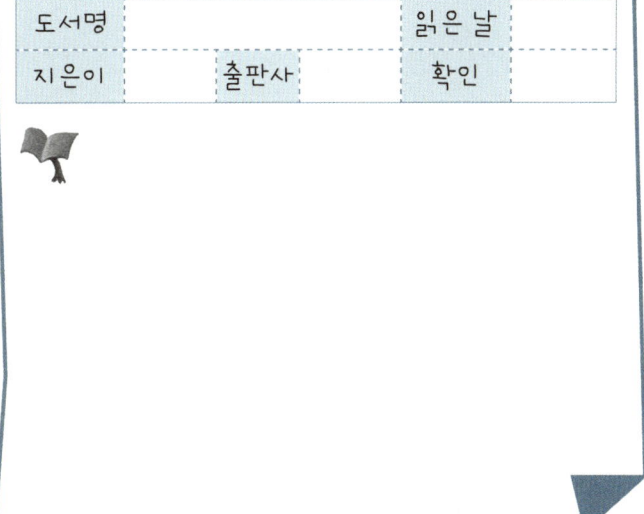

미니 독서기록장

_____학교 ____학년 ____반 이름_____

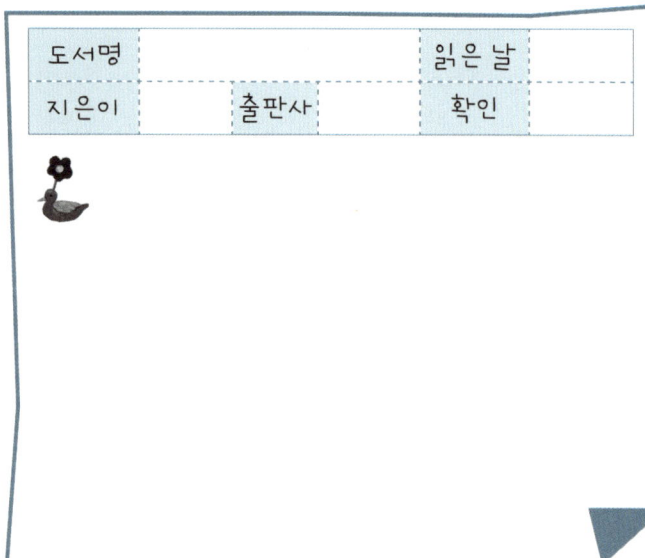

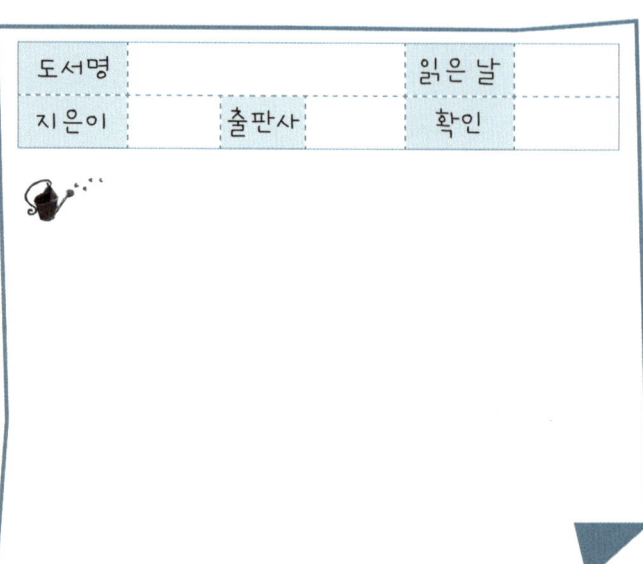

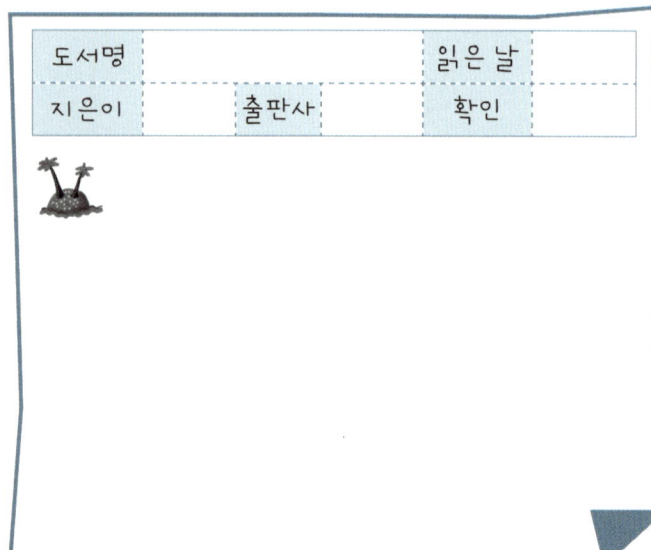

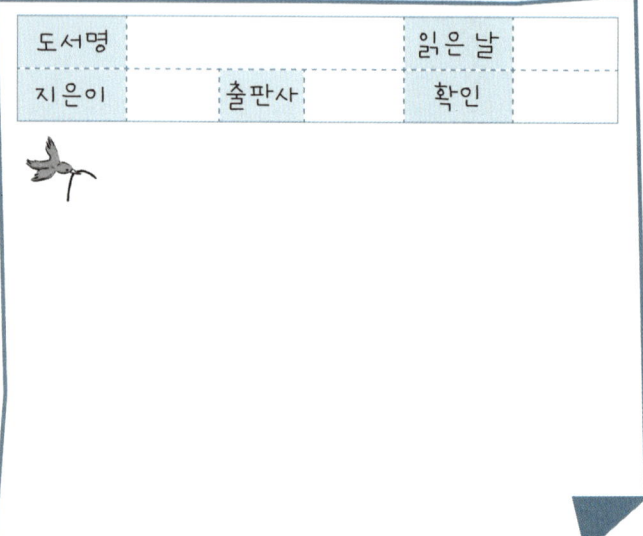

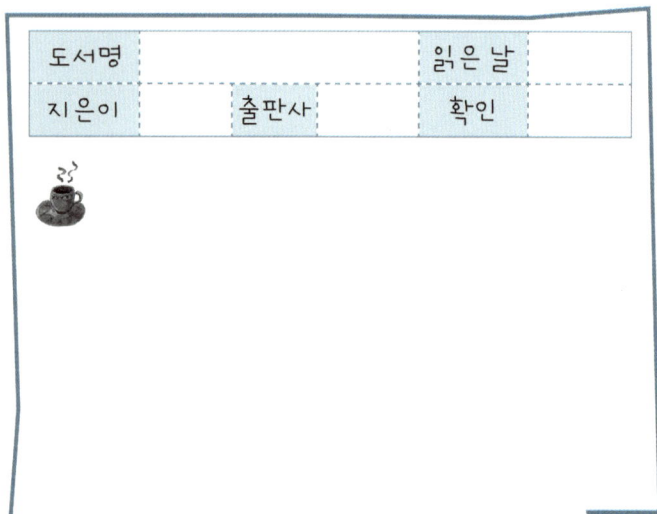

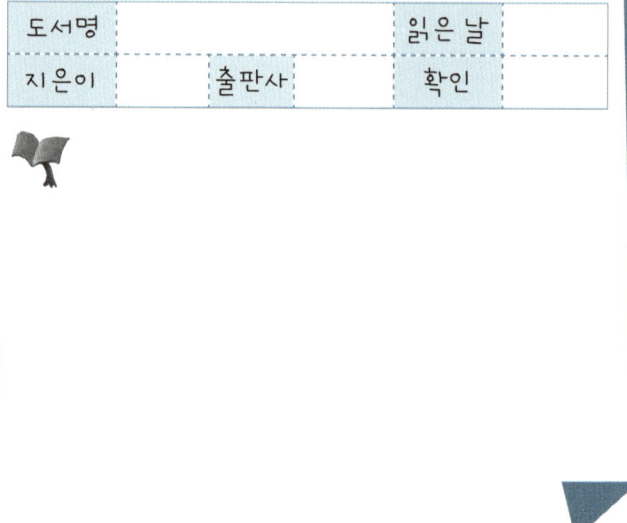

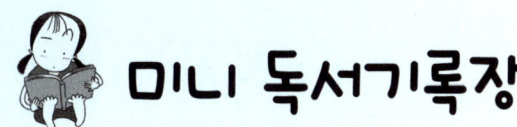# 미니 독서기록장

_____학교 ____학년 ____반 이름_____

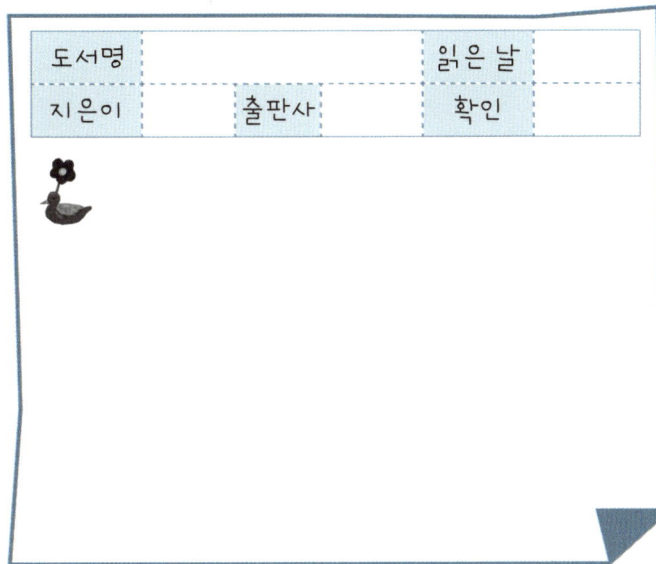

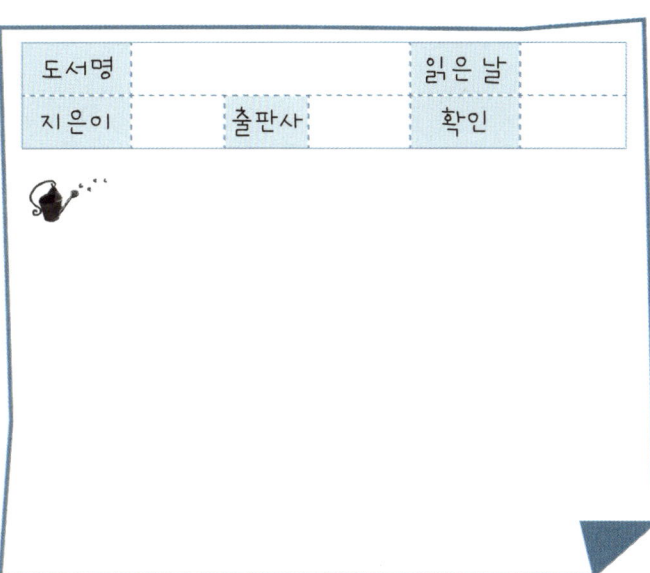

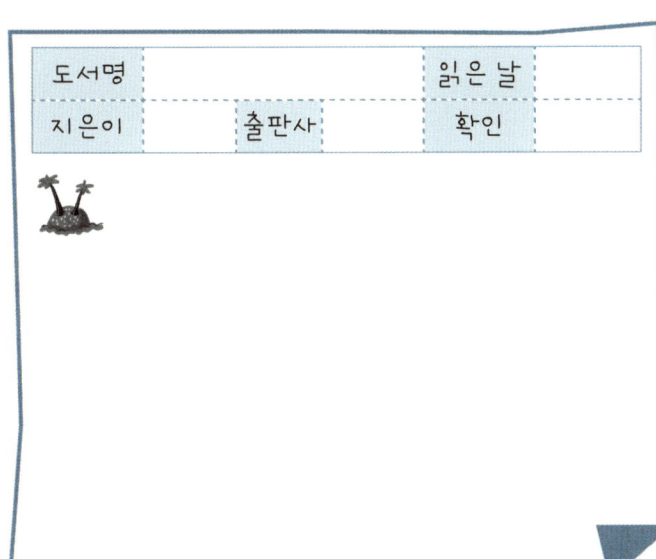

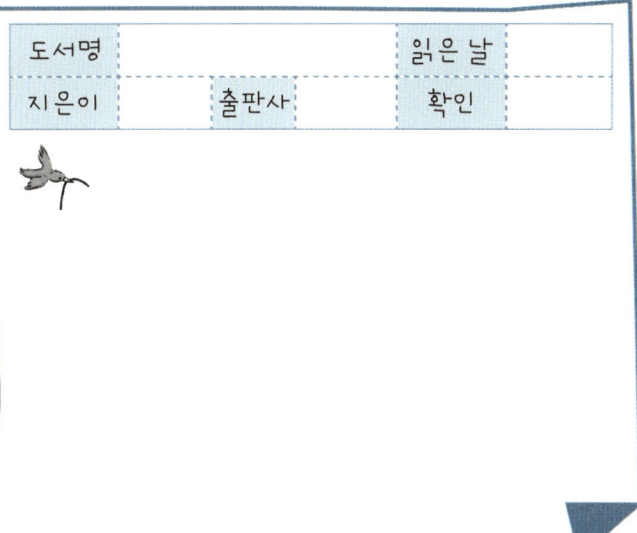

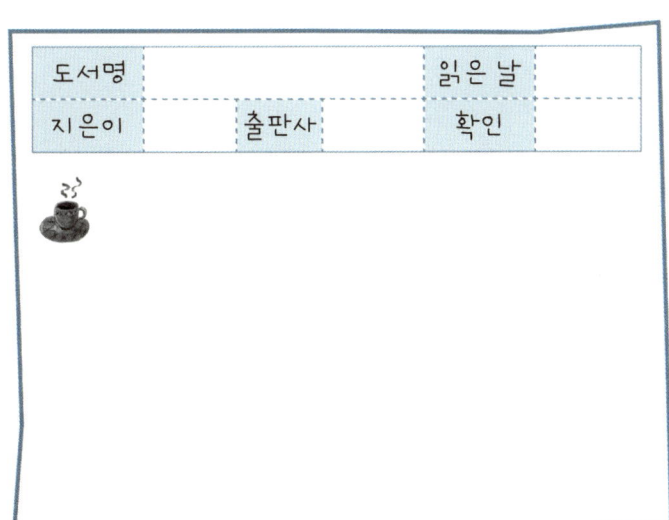

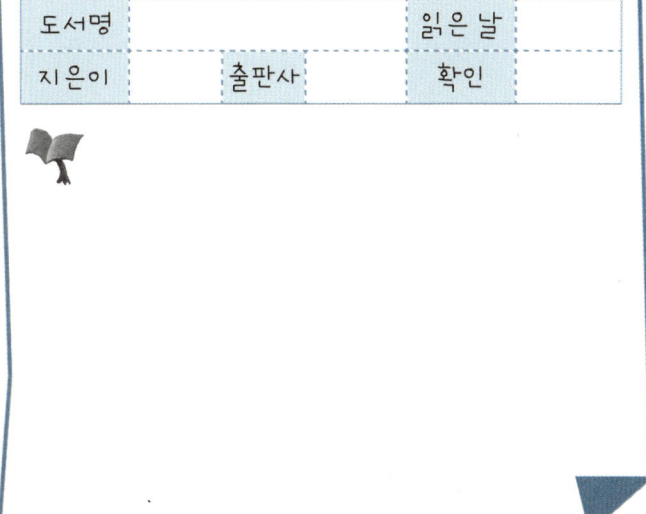

# 미니 독서기록장

_____학교 ____학년 ____반 이름_____

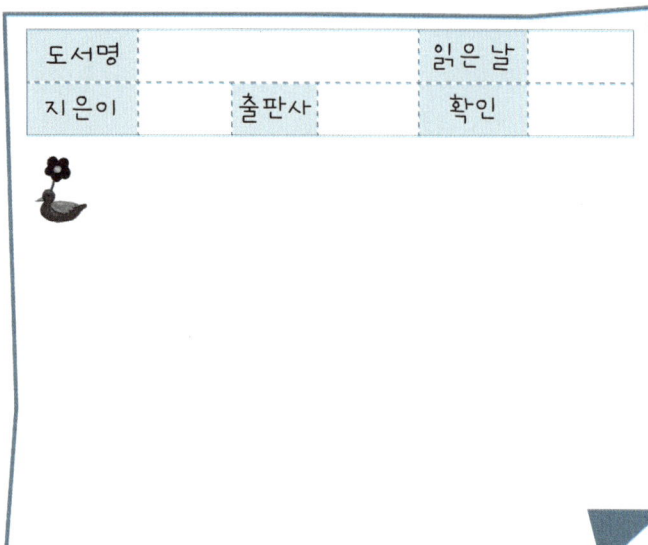
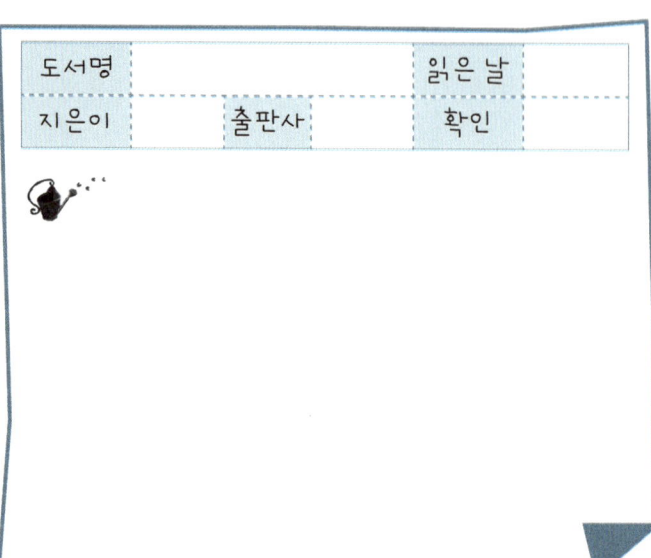
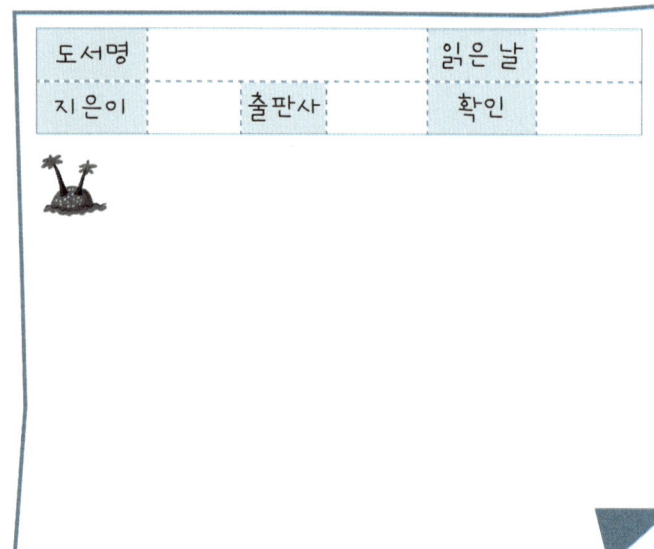
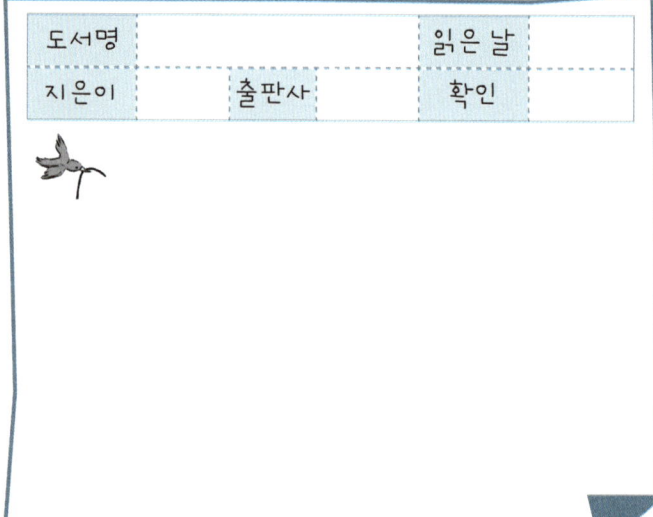
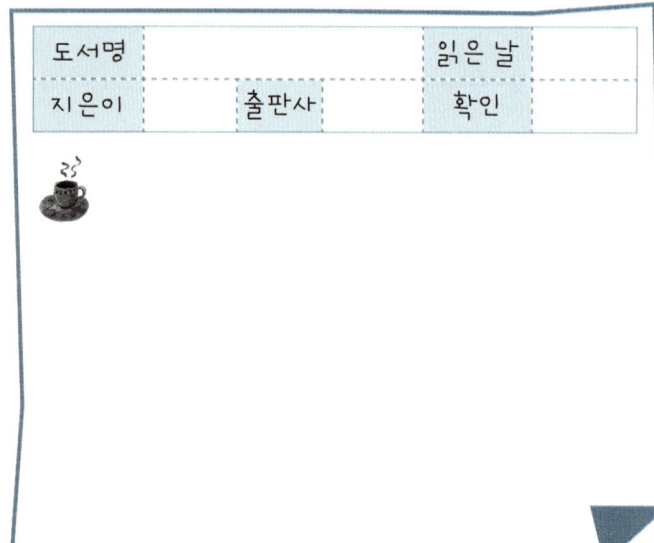
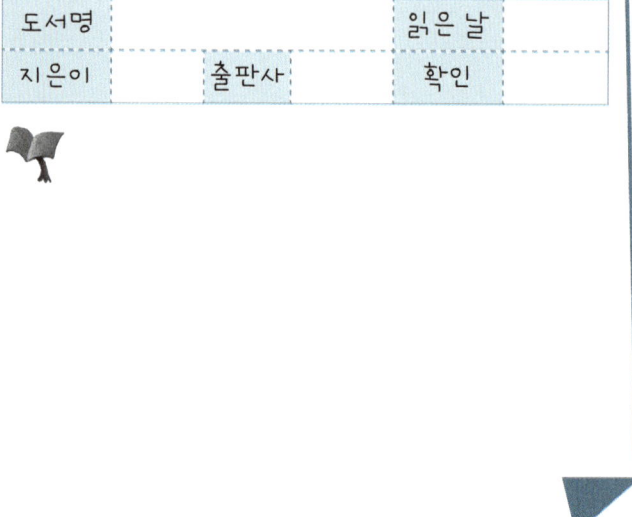

 # 10줄 독서카드

_____학교 ____학년 ____반 이름 _____

도서명			읽은 날	
지은이		출판사	확인	

도서명			읽은 날	
지은이		출판사	확인	

도서명			읽은 날	
지은이		출판사	확인	

도서명			읽은 날	
지은이		출판사	확인	

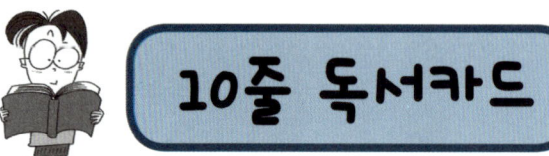

10줄 독서카드

_____학교 ____학년 ____반 이름_____

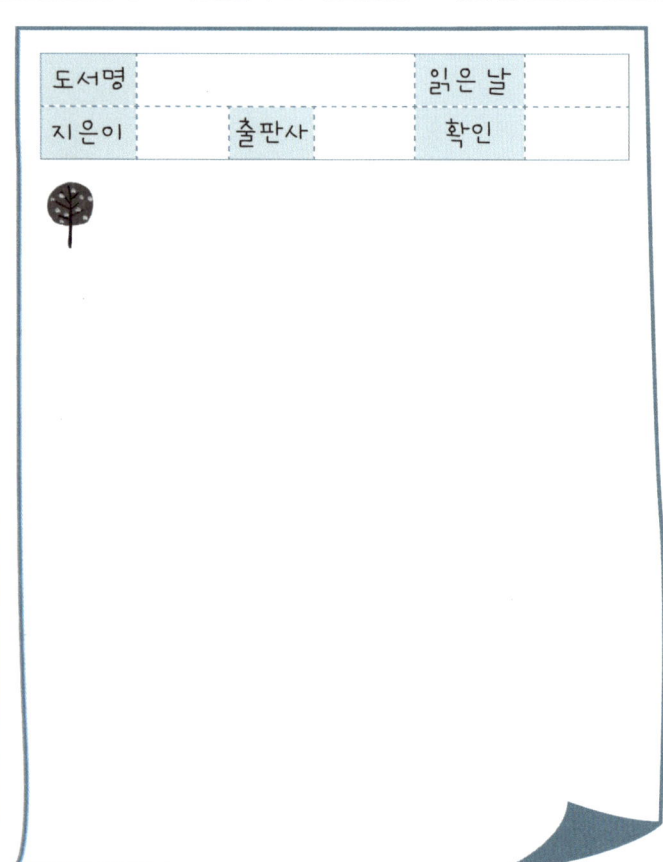

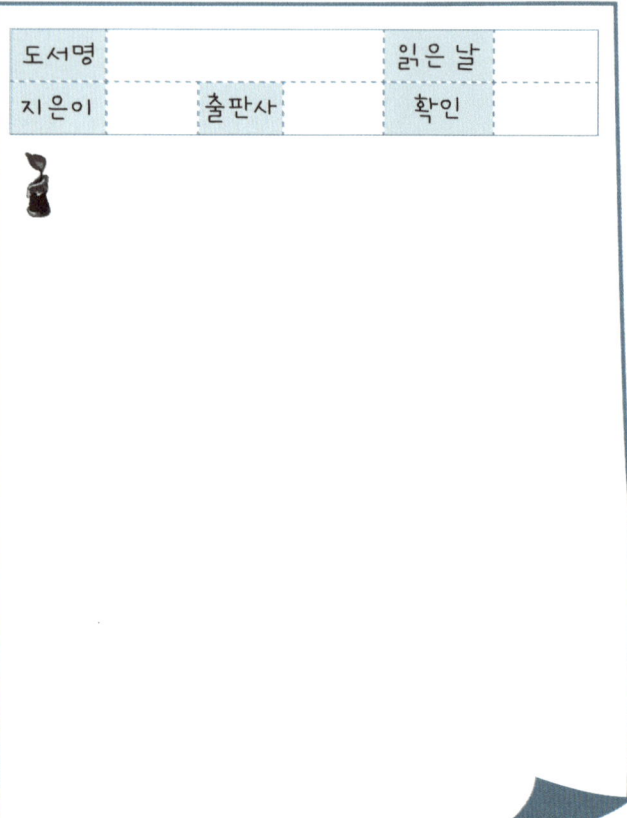

10줄 독서카드

_____학교 ____학년 ____반 이름_____

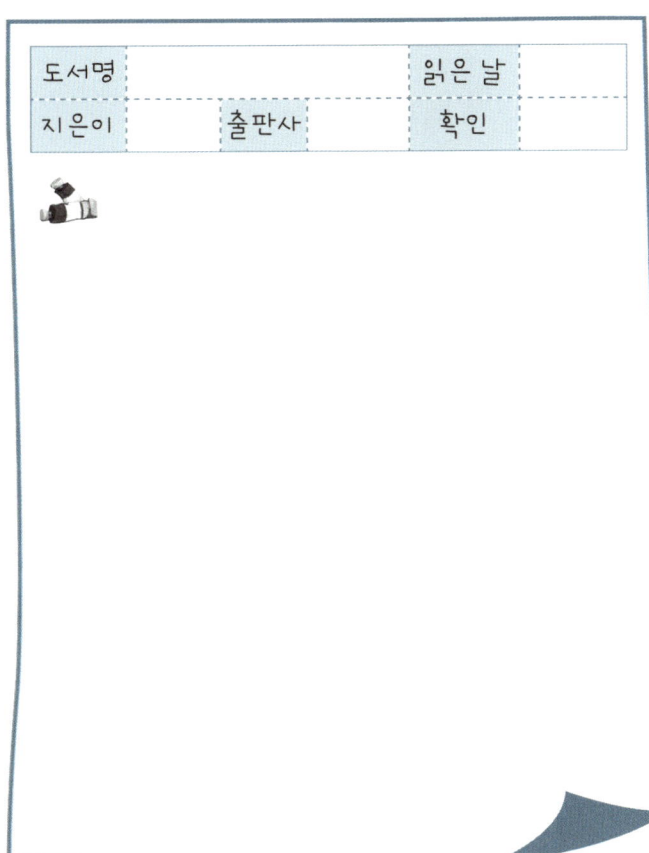

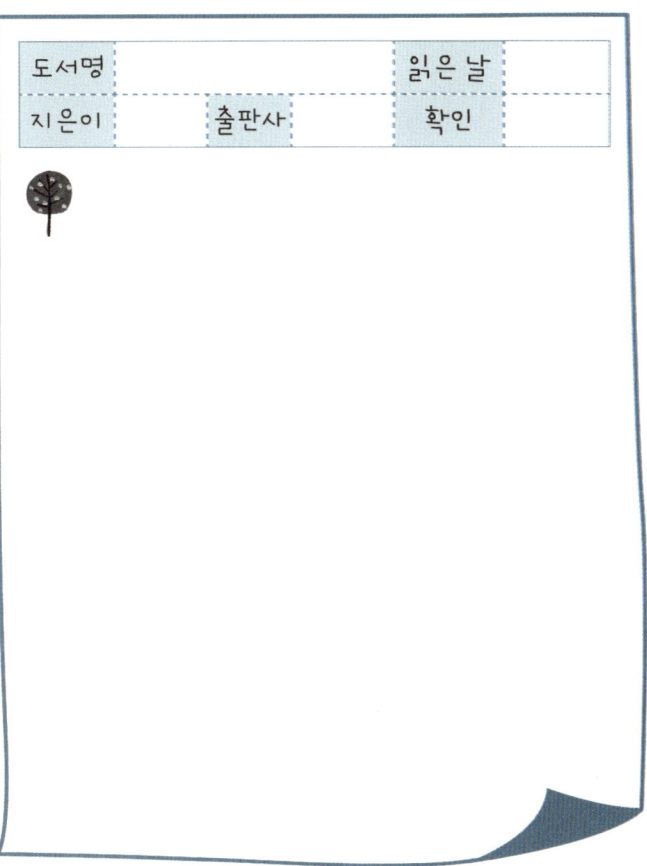

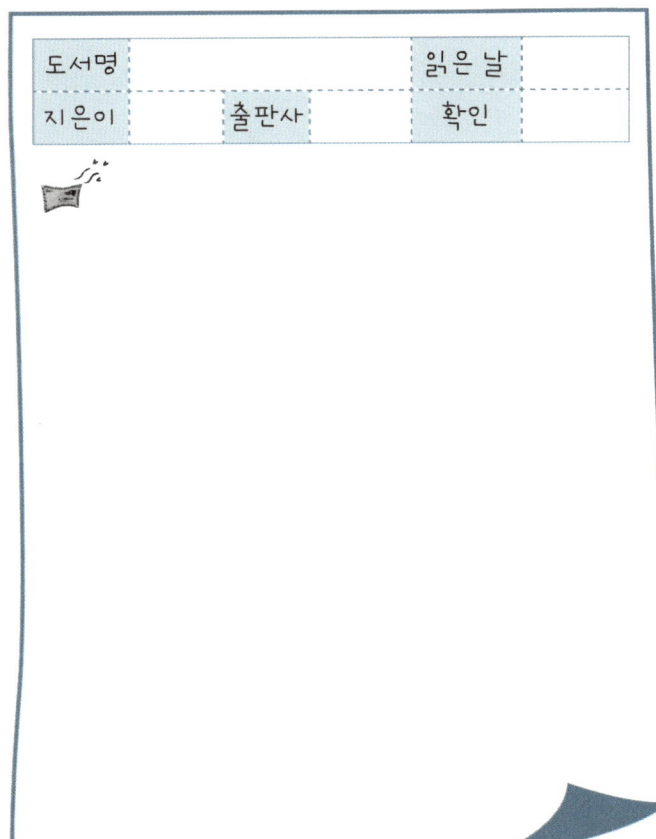

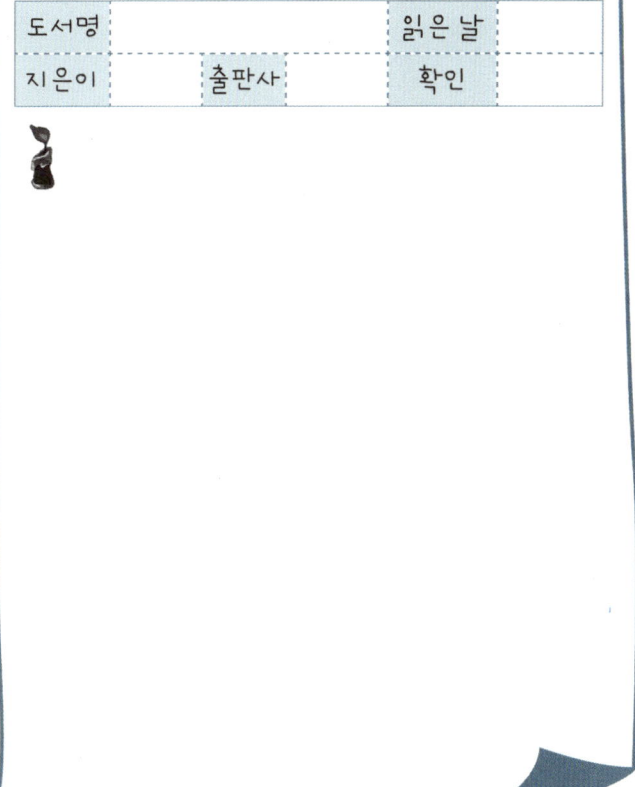

 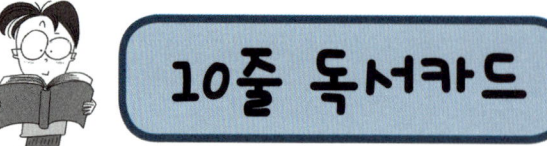

　　　　　　　　　　　　　_____학교 ___학년 ___반 이름_____

도서명			읽은 날	
지은이		출판사	확인	

도서명			읽은 날	
지은이		출판사	확인	

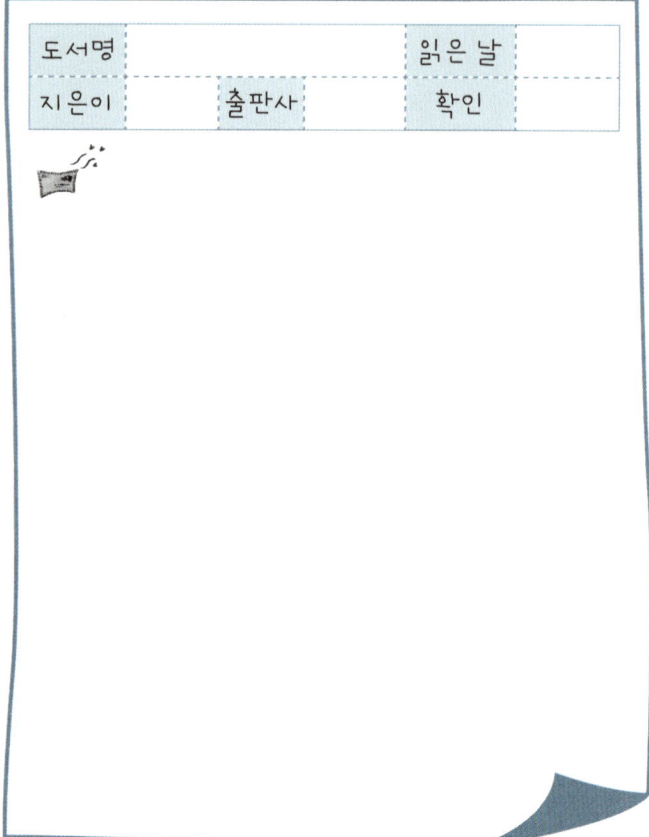

도서명			읽은 날	
지은이		출판사	확인	

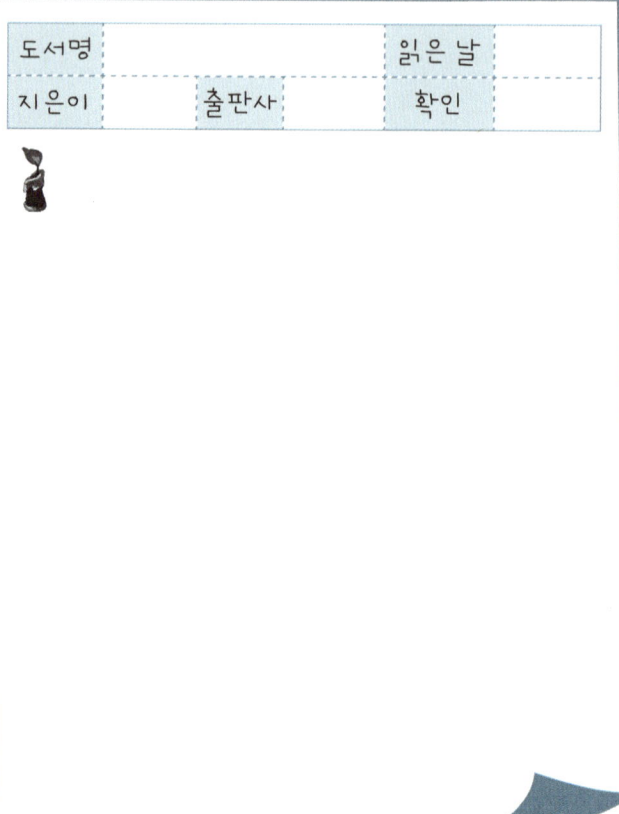

도서명			읽은 날	
지은이		출판사	확인	

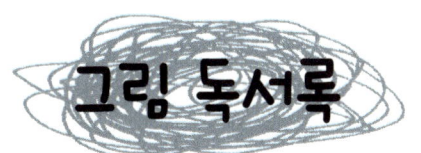

그림 독서록

_____학교 ____학년 ____반 이름 _____

도서명				지은이	
읽은 날		출판사		확인	

✎ 읽은 책에서 가장 감명 깊었던 장면을 그림으로 그려봅시다.

✎ 감명깊었던 이유와 느낀 점을 써봅시다.

 독서록

도서명			지은이	
읽은 날		출판사	확인	

줄거리

감명깊은 구절, 장면

감상평

독서록

도서명				지은이	
읽은 날		출판사		확인	

✎ 읽은 책의 내용을 소개 해 보세요.

주인공 모습

기억에 남는 내용

등장인물 소개

교훈

 독서록

_____학교 ____학년 ____반 이름_____

도서명		지은이	
읽은 날		출판사		확인	

✏️ 줄거리

✏️ 주인공에게 보내는 편지

# 스토리 맵

도서명			지은이	
읽은 날		출판사	확인	

▶ 책의 내용을 도식화 해봅시다.

등장인물

배경

문제

주요사건

결론

도서명			지은이	
읽은 날		출판사		확인	

✏️ 글의 내용을 마인드맵으로 정리해 봅시다.

✏️ 줄거리와 느낀 점을 써 봅시다.

도서명			지은이	
읽은 날		출판사	확인	

▶ 새롭게 알게 된 사실을 갈래별로 정리해 보세요.

도서명				지은이	
읽은 날		출판사		확인	

➔ 등장인물이나 사건을 마인드맵으로 정리해 보세요.

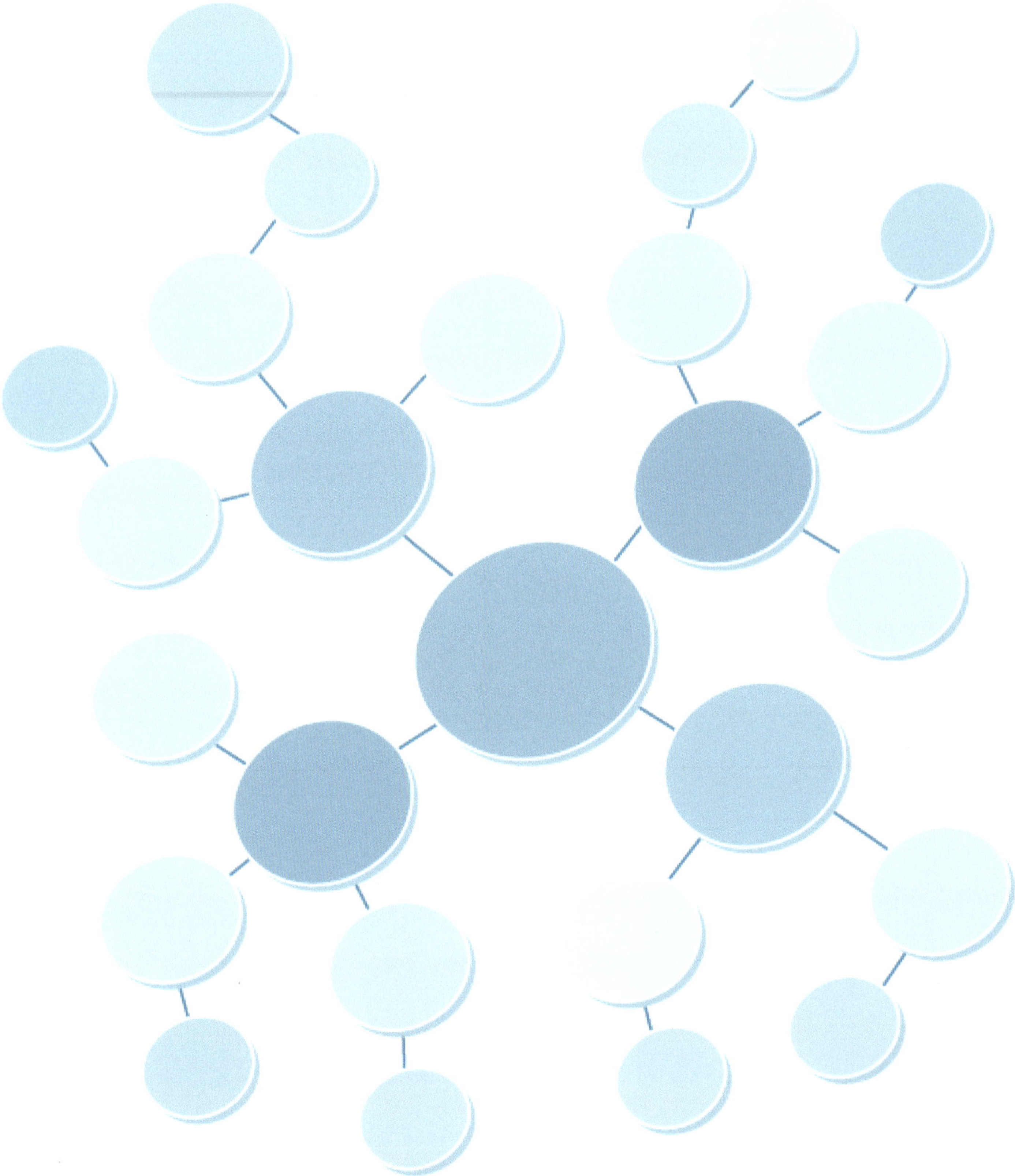

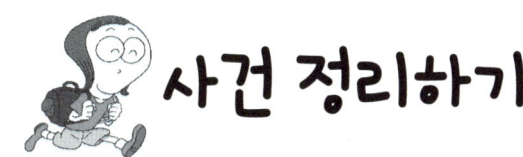

사건 정리하기

도서명			지은이	
읽은 날		출판사	확인	

✎ 인물평전을 읽고 사건을 정리해 보세요.

- 주인공은 누구인가?
- 주인공이 처한 상황은 어떠했는가?
- 주인공이 한 행동은 무엇인가?
- 그러한 행동을 한 직접적인 동기(이유)는 무엇인가?
- 주인공의 행동을 방해한 인물이나 사건은 무엇인가?
- 결과는 어떻게 되었나?

✎ 책을 읽고 기억나는 사건을 정리해 보세요.

- 주인공
- 상황
- 행동
- 동기
- 방해요소
- 결과

일어난 사건 찾기

도서명				지은이	
읽은 날		출판사		확인	

▶ 읽은 책에서 일어난 사건들을 머릿속에 떠올리며 순서대로 적어 봅시다.

1

2

3

4

5

6

7

독서기록장

도서명				지은이	
읽은 날		출판사		확인	

✎ 책을 읽고 배운점을 나의 삶에 적용해 봅시다.

등장인물

배경
- 시간적 배경 :
- 공간적 배경 :

줄거리

느낀 점

나의 삶에 적용하기

독서기록장

도서명			지은이	
읽은 날		출판사	확인	

✎ 책을 읽고 배운점을 나의 삶에 적용해 봅시다.

등장인물

배경
- 시간적 배경 :
- 공간적 배경 :

줄거리

느낀 점

나의 삶에 적용하기

기·승·전·결

도서명			지은이	
읽은 날		출판사	확인	

✏️ 내용을 기·승·전·결의 4단계로 나누어 요약해 보세요.

기

승

전

결

서론, 본론, 결론

도서명			지은이	
읽은 날		출판사	확인	

✏️ 내용을 서론, 본론, 결론의 3단계로 나누어 요약해 보세요.

서론

본론

결론

요약해 봅시다

_____학교 _____학년 _____반 이름_____

도서명			지은이	
읽은 날		출판사	확인	

🔍 어떤 곳을 배경으로 일어나는 이야기입니까?

🔍 주요 인물(주인공)은 누구입니까?

🔍 인물들의 관계는 처음 어땠습니까?

🔍 인물들 간의 관계에 어떤 변화가 생깁니까?

🔍 이야기의 결말을 정리해 보세요.

요약 능력 기르기

도서명			지은이	
읽은 날		출판사	확인	

✎ 줄거리를 요약해 보세요.

➜ 주인공은 누구인가요?

➜ 주인공의 특징을 설명하세요.

➜ 주인공에게 어떤 일들이 일어났나요?
   ①
   ②
   ③
   ④

➜ 주인공은 그 일들을 어떻게 해결했나요?
   ①
   ②
   ③
   ④

➜ 이 이야기를 통해 무엇을 깨달았나요?

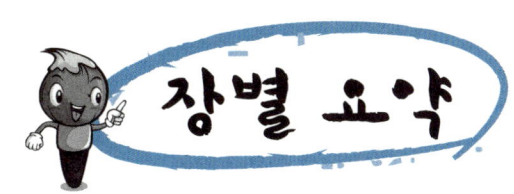

장별 요약

도서명			지은이	
읽은 날		출판사	확인	

✎ 읽은 책의 각 장별로 요점을 써 보세요.

1장

2장

3장

4장

5장

6장

내용 간추리기

도서명				지은이	
읽은 날		출판사		확인	

➔ 읽은 책의 내용을 간추리며 느낌과 생각을 정리해 봅시다.

주인공은 누구입니까?	

언제, 어디서 일어난 일입니까?	

이 작품의 줄거리를 써 봅시다.	

나의 느낌이나 의견을 써 봅시다.	

그 느낌 그대로

_____학교 ____학년 ____반 이름_____

도서명			지은이	
읽은 날		출판사	확인	

▶ 책의 줄거리를 적어 보세요.

_____
_____
_____
_____
_____

▶ 읽은 후 느낌을 써 보세요.

_____
_____
_____
_____
_____
_____

▶ 책의 교훈을 그림이나 표어, 서약서 형식으로 표현해 보세요.

내 삶에 적용하기

_____학교 ____학년 ____반 이름_____

도서명				지은이	
읽은 날		출판사		확인	

✎ 줄거리와 감명깊었던 장면을 쓰고 자기삶에 적용해 배울점을 써봅시다.

줄거리

가장 재미있었던 부분이나 인상 깊었던 장면

배울 점

6하원칙에 따라 써 보기

도서명			지은이	
읽은 날		출판사	확인	

✎ 6하원칙에 따라 써 보세요.

- 언제 일어난 일인가요? — When
- 어디서 일어난 일인가요? — Where
- 누가 한 일인가요? — Who
- 무엇을 하였나요? — What
- 어떻게 되었나요? — How
- 왜 그랬나요? — Why

➡ 6하원칙에 살을 붙여 가며 줄거리를 정리해 보세요.

6하원칙에 따라 써 보기

도서명			지은이	
읽은 날		출판사	확인	

✎ 6하원칙에 따라 써 보세요.

언제 (When)	어디서 (Where)	누가 (Who)	무엇을 (What)	왜 (Why)	어떻게 (How)

➡ 6하원칙에 살을 붙여 가며 줄거리를 정리해 보세요.

_____
_____
_____
_____
_____
_____
_____
_____
_____
_____
_____
_____
_____

독서기록장

도서명			지은이	
읣은 날		출판사		확인

✎ 책을 읽고 배운점을 나의 삶에 적용해 봅시다.

등장인물

배경
시간적 배경 :
공간적 배경 :

줄거리

느낀 점

나의 삶에 적용하기

독서기록장

도서명				지은이	
읽은 날		출판사		확인	

✎ 책을 읽고 배운점을 나의 삶에 적용해 봅시다.

등장인물 ▶

배경 ▶
시간적 배경 :
공간적 배경 :

줄거리 ▶

느낀 점 ▶

나의 삶에 적용하기 ▶

읽기 전 알게 된 것들

도서명			지은이	
읽은 날		출판사	확인	

➡ 앞표지를 보며 알게 된 것

➡ 뒷 표지를 읽으며 알게 된 것

➡ 서문이나 후기, 추천사 등을 읽으면서 알게 된 것

➡ 목차를 읽으면서 알게 된 것

➡ 앞부분을 읽고 결말을 짐작해 보기

등장인물 분석하기

도서명			지은이	
읽은 날		출판사	확인	

✏️ 책 속에 등장하는 등장인물의 성격을 알아봅시다.

등장인물 인터뷰하기

도서명			지은이	
읽은 날		출판사	확인	

✎ 인물들에게 어떤 질문을 할 것인지 생각하고, 책 속의 인물이 되어 질문에 대한 답을 적어보세요.

질문   **답**

질문   **답**

질문   **답**

질문   **답**

질문   **답**

작가와의 인터뷰

_____학교 ____학년 ____반 이름_____

도서명				지은이	
읽은 날		출판사		확인	

✎ 작가와 만났다고 상상하고, 묻고 싶은 질문을 써 봅시다. 또한 자신이 작가가 되어 답도 써 보세요.

질문1

답변

질문2

답변

질문3

답변

질문4

답변

질문5

답변

내가 만일 주인공이었다면…

_____학교 ____학년 ____반 이름_____

도서명			지은이	
읽은 날		출판사	확인	

✎ 내가 만일 책 속의 주인공이었다면 어떻게 행동했을지 상상해서 표현해 보세요.

인물 인터뷰

_____학교 _____학년 _____반 이름_____

도서명			지은이	
읽은 날		출판사	확인	

✎ 기자가 되어 책 속에 등장하는 인물을 대상으로 인터뷰할 질문과 예상 답변을 적어 보세요.

대상:
질문:

➡

예상답변:

대상:
질문:

➡

예상답변:

대상:
질문:

➡

예상답변:

새롭게 알았어요

도서명		지은이	
읽은 날		출판사		확인	

✎ 책을 읽은 후 새롭게 알게 된 점이나 이해가 되지 않았던 부분을 적어보세요.

- 새롭게 알게 된 점을 적어보세요.

- 책을 읽고 생긴 궁금증이나, 설명이 부족해서 이해되지 않았던 부분이 있다면 적어 보세요.

위인전 독후감

도서명			지은이	
읽은 날		출판사	확인	

📖 위인전이 살았던 시대의 특징은?

📖 위인이 한 일 중 가장 중요한 것은 무엇인가요?

📖 위인은 어떤 사람이었나요? 성격, 외모, 개성 등을 포함시켜 상세하게 써 보세요.

📖 이 책을 읽으면서 가장 인상깊었던 장면은 어떤 부분이었나요?

📖 책을 읽고 결심한 것이나, 위인에게 남기고 싶은 말이 있다면 적어 보세요.

역사 이야기

도서명			지은이	
읽은 날		출판사	확인	

✎ 역사책이나 위인전 등을 읽고 한 나라의 역사에 대해 생각해 봅시다.

내가 관심을 가진 나라의 이름과 이유는?	

책에 나온 인물이나 사건 중 가장 기억에 남는 것과 이유는?	

내가 읽은 역사책을 통해 알게 된 사실 5가지	

현재와 비교할 때 느낀 점	

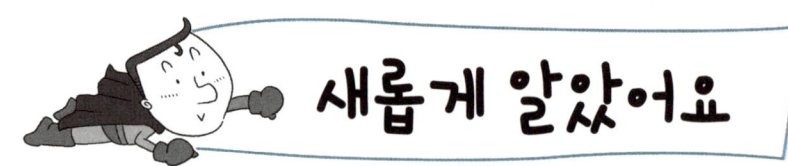

새롭게 알았어요

도서명			지은이	
읽은 날		출판사	확인	

✏️ 책을 읽은 후 새롭게 알게된 점을 적어보세요.

1

2

3

4

5

➡️ 책을 읽고 생긴 궁금증이나, 설명이 부족해서 이해되지 않았던 부분이 있다면 적어 보세요.

①

②

③

④

도서명			지은이	
읽은 날		출판사	확인	

✏️ 책을 읽고 퀴즈를 내고 만들어 답을 적어보세요.

문제1
답

문제2
답

문제3
답

문제4
답

문제5
답

문제6
답

도서명			지은이	
읽은 날		출판사	확인	

✏️ 책을 읽고 퀴즈를 내고 만들어 답을 적어보세요.

문제1

_____

_____

답 _____

문제2

_____

_____

답 _____

문제3

_____

_____

답 _____

문제4

_____

_____

답 _____

문제5

_____

_____

답 _____

문제6

_____

_____

답 _____

도서명			지은이	
읽은 날		출판사	확인	

📖 책을 읽고 퀴즈를 내고 만들어 답을 적어보세요.

문제 1

답

문제 2

답

문제 3

답

문제 4

답

문제 5

답

문제 6

답

배운 낱말 적어 보기

_____학교 ____학년 ____반 이름 _____

도서명				지은이	
읽은 날		출판사		확인	

✏️ 책을 뒤적이며 새롭게 배운 낱말 12개를 적고, 사전을 찾아 뜻을 적어보아요.

1 →

2 →

3 →

4 →

5 →

6 →

7 →

8 →

9 →

10 →

11 →

12 →

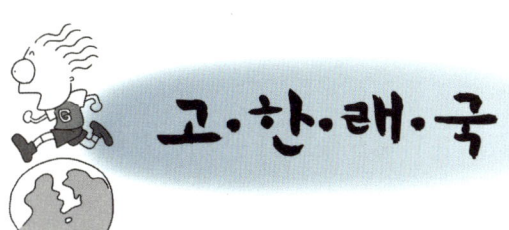

고·한·래·국

_____학교 ____학년 ____반 이름_____

도서명			지은이	
읽은 날		출판사	확인	

✎ 책을 읽고서 고·한·래·국(고유어, 한자어, 외래어, 외국어)을 찾아 봅시다.

고유어

한자어

외래어

외국어

등장인물 비교하기

도서명			지은이	
읽은 날		출판사		확인	

✎ 책을 읽고, 서로 반대의 성격을 가진 등장인물들의 특징을 비교해서 적어 보세요.

● 등장인물 ①

● 등장인물 ②

● 두 인물의 관계는?

● 등장인물 ① _____ 은 어떤가요?
(성격, 행동 등의 특징을 적으세요)

● 등장인물 ② _____ 은 어떤가요?
(성격, 행동 등의 특징을 적으세요)

● 본받을 점 또는 본받지 말아야 할 점?

● 본받을 점 또는 본받지 말아야 할 점?

주인공 탐구생활

도서명				지은이	
읽은 날		출판사		확인	

✎ 책을 읽고 난 후 주인공과 주변인물을 분석해 봅시다.

- 주인공은 누구입니까?

- 주인공에게서 배울 점과 느낀 점은?

- 주변인물 중에서 가장 마음에 드는 사람은 누구입니까?

- 그 이유는?

- 나라면 어떻게 행동했을지 등장인물 중 한 명을 선택하여 적용해 봅시다.

주인공에게 편지쓰기

_____학교 ____학년 ____반 이름_____

도서명				지은이	
읽은 날		출판사		확인	

✏️ 읽은 책의 주인공에게 하고 싶은 말을 편지로 써 보세요.

더 구체적으로 생각해 봐요

_____학교 _____학년 _____반 이름 _____

도서명				지은이	
읽은 날		출판사		확인	

✎ 줄거리를 요약해 보세요.

↘ 주인공은 누구인가요?

↘ 주인공의 특징을 설명하세요.

↘ 주인공에게 어떤 일들이 일어났나요?

①
②
③
④
⑤

↘ 결국 어떻게 해결했나요?

①
②
③
④
⑤

↘ 이 이야기를 통해 무엇을 깨달았나요?

읽고 난 후에

_____학교 ____학년 ____반 이름_____

도서명			지은이	
읽은 날		출판사	확인	

◎ 책을 읽고 난 후 떠오르는 핵심단어(실마리) 적어보기(7개 이상)

◎ 핵심단어로 뽑은 이유는?

◎ 줄거리와 느끼고 생각한 점

만화 독서록

도서명				지은이	
읽은 날		출판사		확인	

이야기의 줄거리를 만화로 그려 보아요.

1.

2.

3.

4.

5.

6.

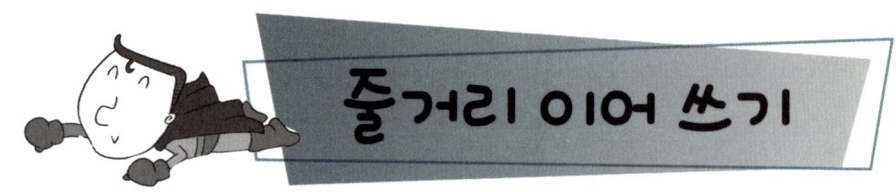

줄거리 이어 쓰기

도서명				지은이	
읽은 날		출판사		확인	

📩 책 속에서 일어난 일들을 차례대로 쓰고, 줄거리를 처음, 가운데, 끝 부분으로 나누어 써 보세요.

처음 누가, 언제, 어디서 일어난 일인가요?

가운데 어떤 일이 일어났나요?

끝 마지막에는 어떻게 되었나요?

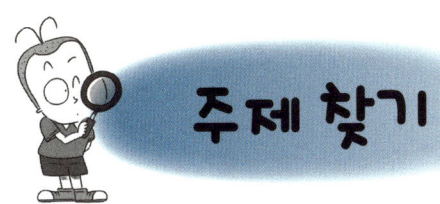

주제 찾기

도서명			지은이	
읽은 날		출판사	확인	

✎ 이 책의 주제는 무엇인가요?

✎ 주제를 드러내는 문장, 주인공의 말, 표현 등을 찾아 적어 봅시다.

1.

2.

3.

4.

5.

6.

내가 작가라면…

도서명			지은이	
읽은 날		출판사	확인	

✎ 글 속에서 표현한 묘사나 사건 전개 등이 마음에 들지 않다면, 작가가 되어 마음껏 고쳐 써 보세요.

➔ 마음에 들지 않거나 미흡한 부분

① _____

② _____

③ _____

➔ 작가가 되어 마음껏 고쳐 써 보세요.

읽고 생각한 뒤 쓰기

도서명			지은이	
읽은 날		출판사	확인	

↳ 간단한 줄거리를 써 보세요.

　이 책은 _____
_____ 이야기이다.

↳ 재미있었던 대목은 어떤 부분인가요?

↳ 아쉬웠던 부분이나, 마음에 안 들었던 부분이 있었나요?

↳ 내가 작가라면 어떻게 고치고 싶나요?

↳ 새로 알게 된 낱말 3개를 고르고 뜻을 써 보세요.

① _____
② _____
③ _____

새로운 인물 등장시키기

도서명			지은이	
읽은 날		출판사	확인	

📢 이야기 속에 새로운 인물을 하나 더 등장시켜 새로운 인물이 이야기를 어떻게 바꾸어 놓을 것인지 생각해 봅시다.

새로운 인물

바뀐 이야기

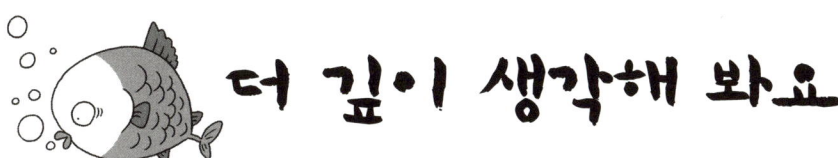
더 깊이 생각해 봐요

_____학교 ___학년 ___반 이름_____

도서명			지은이	
읽은 날		출판사	확인	

✏️ 책 속에서 가장 인상 깊었던 사건 5가지를 써 보세요.

1.
2.
3.
4.
5.

✏️ 그렇게 생각한 까닭을 써 보세요.

1.
2.
3.
4.
5.

내가 작가라면

도서명				지은이	
읽은 날		출판사		확인	

✎ 내가 작가가 되어 이야기의 뒷부분을 덧붙이거나 다시 써 보세요.

✎ 내가 이렇게 쓴 까닭은?

저자와의 인터뷰

도서명			지은이	
읽은 날		출판사	확인	

✎ 기자가 되어 저자와 인터뷰를 해 봅시다. 저자에게 묻고 싶은 질문을 쓰고 답도 상상해 봅시다.

질문1

답

질문2

답

질문3

답

질문4

답

질문5

답

그림과 느낌으로 표현하기

_____학교 ____학년 ____반 이름_____

도서명			지은이	
읽은 날		출판사	확인	

✎ 인상깊은 부분 그리기

✎ 책을 읽고 난 후 느낌이나 생각은?

독서록

도서명			지은이	
읽은 날		출판사	확인	

✎ 읽은 책에서 가장 감명 깊었던 장면을 그림으로 그려보세요.

✎ 기억나는 명대사가 있다면 적어봅시다.

✎ 위의 장면을 설명하고, 자기 자신의 생각과 느낌을 써 봅시다.

뒷 이야기 상상하기

_____학교 ____학년 ____반 이름_____

도서명				지은이	
읽은 날		출판사		확인	

✎ 책을 읽고, 이야기가 계속 이어진다면 어떤 내용이 될지 상상해 봅니다.

✎ 이야기의 흐름에 맞게 뒤에 이어지는 이야기를 상상해서 써 봅니다.

✎ 원래의 이야기와 자신이 이어 쓴 이야기를 비교해 봅니다.

도서명		지은이	
읽은 날		출판사		확인	

✎ 책을 읽고 나서 내가 작가가 되어 뒷이야기를 상상하여 쓰세요.

책 제목을 바꾸고 싶다면…

추가로 등장할 인물

줄거리를 요약하세요.

뒷이야기를 꾸며 쓰세요.

그렇게 쓴 까닭은?

독서기록장

_____학교 ____학년 ____반 이름_____

도서명			지은이	
읽은 날		출판사	확인	

✎ 글 속에서 표현한 묘사나 사건 전개 등이 마음에 들지 않다면, 작가가 되어 마음껏 고쳐 써 보세요.

⤵ 내용

⤵ 느낀 점

도서명			지은이	
읽은 날		출판사	확인	

▶ 읽은 책 내용에서 주제를 고른 후 찬성과 반대의 입장이 되어 논리를 전개해 보세요.

주제:

찬성

반대

독서토론

_____학교 ____학년 ____반 이름_____

도서명			지은이	
읽은 날		출판사	확인	

나의 생각	■ 주장:	
	■ 이유 또는 근거:	
생각 나누기	찬성	
	반대	
토론 후 발전된 생각	■ 주장:	
	■ 이유 또는 근거:	

찬성과 반대

_____학교 _____학년 _____반 이름_____

도서명			지은이	
읽은 날		출판사	확인	

나의 생각

- 주장:
- 이유 또는 근거:

생각 나누기

- 찬성:

- 반대:

토론 후 발전된 생각

- 주장:
- 이유 또는 근거:

독서록

도서명			지은이	
읽은 날		출판사	확인	

✏️ 책을 읽고 느끼고 배운점을 중심으로 써 봅시다.

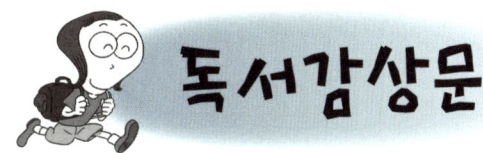
독서감상문

도서명				지은이	
읽은 날		출판사		확인	

1. 책을 읽게 된 계기

2. 줄거리

3. 내가 만일 주인공이라면?

4. 재미있었던 장면

5. 느낀점

제목:

_____학교 ____학년 ____반 이름_____

도서명			지은이	
읽은 날		출판사	확인	

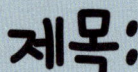 책을 읽고 나서 이야기의 줄거리와 느낌, 나의 생각 등을 써 보세요.

내용 간추리기

_____학교 ____학년 ____반 이름_____

도서명				지은이	
읽은 날		출판사		확인	

> 책을 읽은 후 가장 먼저 떠오르는 장면이나 감명 깊었던 문장을 적어 봅시다.

책의 제목은?	
주인공은 누구입니까?	
언제, 어디에서 일어난 일입니까?	
이 작품의 줄거리를 써 봅시다.	
읽고난 후의 느낌이나 생각한 점을 써 봅시다.	

줄거리와 느낀 점

도서명				지은이	
읽은 날		출판사		확인	

등장인물들의 성격

시간적 배경

공간적 배경

밑줄 그었던 대목

줄거리

생각 또는 느낀 점

도서명			지은이	
읽은 날		출판사	확인	

📖 책을 읽게 된 계기

📖 줄거리

📖 내가 만일 주인공이라면?

📖 재미있었던 장면

📖 느낀 점

장면 옮겨 쓰기

도서명			지은이	
읽은 날		출판사	확인	

✎ 책을 읽고 인상깊었던 장면을 떠올리며 써 보세요.

①

②

③

④

✎ 전체적인 느낌

✎ 평가하기 😊 😊 😊 😊 😊

내용 간추리기

_____학교 ____학년 ____반 이름_____

도서명			지은이	
읽은 날		출판사	확인	

책을 읽은 후 가장 먼저 떠오르는 장면이나 감명 깊었던 문장을 적어 봅시다.

책의 제목은?	
주인공은 누구입니까?	
언제, 어디에서 일어난 일입니까?	
이 작품의 줄거리를 써 봅시다.	
읽고난 후의 느낌이나 생각한 점을 써 봅시다.	

좋은 문장 써보기

도서명			지은이	
읽은 날		출판사	확인	

✎ 책을 읽으며 마음에 와닿는 문장이나 멋진 표현, 묘사 등에 밑줄을 긋고 이를 옮겨 써 보세요.
옮겨 쓴 구절 뒤에는 쪽수를 적습니다.

🖋 예: 물안개를 퍼 올리며 흘러가는 강의 희뿌연 물빛, 군청색으로 빛나는 강 너머의 젖은 숲, 비 오는 아침의 강변 풍경은 차갑고도 아름다웠다. 활활 타던 내 가슴과 머리도 차가워졌다. (p.111, 내 인생의 스프링캠프 중)

줄거리와 느낀 점

도서명				지은이	
읽은 날		출판사		확인	

등장인물들의 성격

시간적 배경

공간적 배경

밑줄 그었던 대목

줄거리

생각 또는 느낀 점

극본으로 바꿔보기

도서명			지은이	
읽은 날		출판사	확인	

✎ 이야기 속에서 인상 깊었던 곳을 찾아 극본으로 꾸며 보세요.

✎ 전체적인 느낌

✎ 도서 평가하기 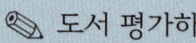   5개: 도움을 주며 감동적인 책 | 4개: 재미있는 책 | 3개: 보통(그저 그렇다)

제목으로 삼행시 짓기

도서명			지은이	
읽은 날		출판사	확인	

✎ 읽은 책의 제목을 가지고 책의 줄거리와 연결시켜 삼행시를 지어 보세요.

극본으로 꾸며 쓰기

도서명				지은이	
읽은 날		출판사		확인	

✏️ 이야기 속에서 인상 깊었던 곳을 찾아 극본으로 꾸며 보세요.

때

곳

나오는 사람들

독서감상문

_____학교 ____학년 ____반 이름_____

도서명			지은이	
읽은 날		출판사	확인	

책을 읽게 된 계기

줄거리

재미있었던 장면

내가 만일 주인공이라면?

느낀 점

동시로 표현하기

_____학교 ____학년 ____반 이름_____

도서명			지은이	
읽은 날		출판사	확인	

✎ 시집을 읽고 인상깊었던 시를 적어 보세요.

✎ 나도 시인처럼 시를 지어봅시다.

신간 안내문 쓰기

_____학교 ____학년 ____반 이름_____

✎ 신문을 보면 책을 소개하는 기사가 있습니다. 기자가 되어 독자들에게 읽은 책들을 소개해 봅시다. 출판사, 쪽수, 가격 등 책에 대한 정보와 간단한 내용, 권할 만한 장점과 특징 등을 적습니다.

📖 〈새로 나온 책〉

📖 〈새로 나온 책〉

나는 북 디자이너!

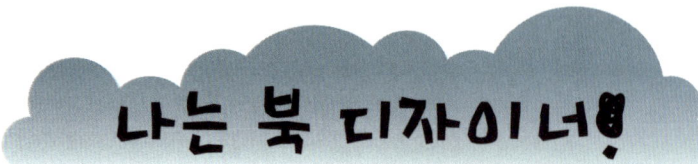

도서명				지은이	
읽은 날		출판사		확인	

✎ 책을 읽고, 나만의 표지로 새롭게 구성해 봅시다.

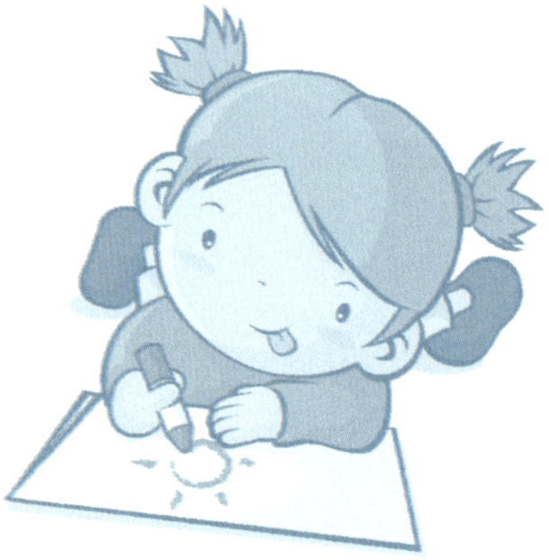

독서감상문

도서명			지은이	
읽은 날		출판사	확인	

✎ 책을 읽으며 주요 등장인물, 교훈이 될 만한 가르침, 사건의 단서 등을 기록해 봅시다.

책의 내용을 간단히 서술하시오.

결말은 어땠나요?

이 책을 친구에게 권하고 싶나요? 그 이유는 무엇입니까?

책에 대한 나의 느낌과 평가는?

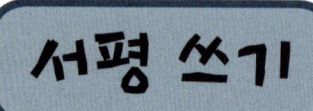

서평 쓰기

도서명			지은이	
읽은 날		출판사	확인	

✎ 신문의 책 서평란을 참고하여 서평을 써 봅시다. 스스로가 기자나 유명 인사가 되어 책을 평가하는 거예요. 실제 신문의 서평을 오려 붙여 놓고 참고해 보세요.

책 신문 만들기

_____학교 ____학년 ____반 이름_____

✎ 읽은 책을 신문 형식으로 표현해 보세요.

| 발행인 | 발행일 : 년 월 일 |

책 광고 만들기

도서명	지은이	지은이	지은이	지은이

✏️ 출판사가 되어 광고를 만들어 봅시다.

신문이나 인터넷의 책 광고를 참고하며 자신만의 독특한 광고를 만들어 보아요.

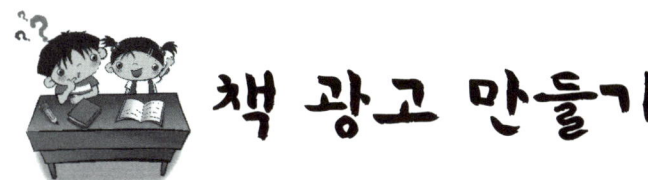

책 광고 만들기

도서명			지은이	
읽은 날		출판사	확인	

📢 광고 기획자가 되어 읽은 책의 광고를 만들어 봅시다.

➡ 대상과 목적 정하기

🔽 광고는 어떤 목적을 위해 누군가를 설득하는 글의 일종입니다. 먼저 대상과 목적을 적어 봅시다.

- 누구를 설득할 광고입니까? _____
- 어떤 목적의 광고입니까? _____

➡ 광고 제목 쓰기

🔽 신문에 나온 책 광고를 참고하면서 광고 제목을 만들어 봅시다.

➡ 광고 내용 채우기

🔽 광고문 내용을 완성해 봅시다. 각 요소에 들어갈 문구를 생각해서 광고를 완성해 봅시다.

- 요소 1

- 요소 2

- 요소 3

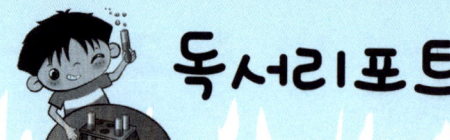
독서리포트

도서명		지은이	
읽은 날		출판사		확인	

✎ 책을 읽고 자유롭게 감상을 써봅시다.

_____년 _____월 _____일 _____요일 날씨:_____

제목:

독서감상문

도서명			지은이	
읽은 날		출판사	확인	

▶ 책을 읽고 나서 이야기의 줄거리와 느낌, 배울 점을 쓰세요.

▶ 기억하고 싶은 문장을 그대로 쓰세요.

제목:

_____학교 ____학년 ____반 이름_____

도서명				지은이	
읽은 날		출판사		확인	

✎ 책을 읽고 나서 이야기의 줄거리와 느낌, 나의 생각 등을 써 보세요.

독서 보고서

도서명			지은이	
읽은 날		출판사	확인	

▶ 책의 내용 가운데 잘못된 내용, 앞뒤가 어울리지 않는 것, 틀린 글자, 나쁜 말, 욕설, 어울리지 않는 삽화나 내용 등을 찾아 기록해 봅시다.

독후감

_____학교 ____학년 ____반 이름_____

도서명				지은이	
읽은 날		출판사		확인	

제목:

도서명				지은이	
읽은 날		출판사		확인	

■ 줄거리

1
2
3
4
5

■ 감상문 (자신의 삶과 비교해 공통점 또는 차이점, 비슷했던 경험, 독서 후 느낀 점과 깨달은 점, 가장 감동적인 부분과 그 이유, 주인공 내면 심리에 대한 나의 생각, 앞으로 자신이 해야 할 바에 대한 생각 이 중 한 두 가지를 선택하여 구체적인 내용을 넣어 서술해 보세요.)

1
2
3
4
5
6
7
8
9
10
11
12
13
14
15
16
17
18
19
20
21
22
23
24
25

독서논술

_____학교 ____학년 ____반 이름_____

도서명		지은이	
읽은 날		출판사		확인	

✏️ 책을 읽고 토론거리를 찾아 글을 써 보세요.

논제:

개요 짠 후 요약하기

도서명		지은이	
읽은 날		출판사		확인	

1. 개요 짜기

2. 줄거리 및 내용 요약

3. 밑줄 긋고 싶었던 글귀

4. 어려웠던 낱말 3개 찾기(사전을 찾아 뜻풀이를 적을 것)

개요짠 후 요약하기

도서명			지은이	
읽은 날		출판사	확인	

1. 개요 짜기

2. 줄거리 및 내용 요약

3. 밑줄 긋고 싶었던 글귀

4. 어려웠던 낱말 3개 찾기(사전을 찾아 뜻풀이를 적을 것)

제목: _____

도서명				지은이	
읽은 날		출판사		확인	

개요짜기	서론	1	
		2	
		3	
	본론	1	
		2	
		3	
		4	
		5	
	결론	1	
		2	
		3	

제목:

_____학교 ____학년 ____반 이름_____

서론	
본론	1.
	2.
	3.
결론	

600자 원고지 독후감

도서명		지은이	
읽은 날		출판사		확인	

NO._____

100

200

300

400

10　　　　　　　　　　20

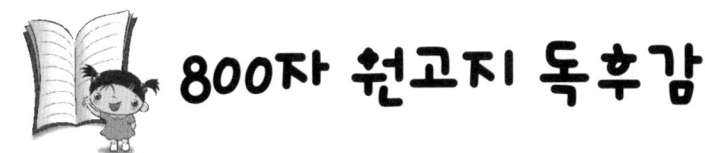

800자 원고지 독후감

제목

NO.

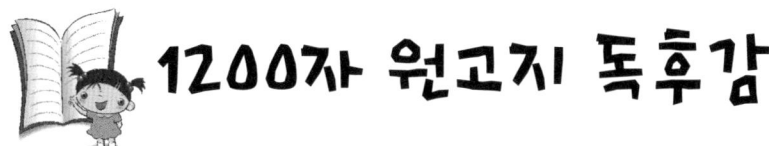

_____학교 _____학년 _____반 이름_____

| 논제 | |

NO.

독서쿠폰

_____은 성실히 책을 읽어 지혜와 지식을 쌓았으며 주위의 모범이 되었으므로 독서쿠폰을 드립니다.

_____(인)

독서쿠폰

_____은 성실히 책을 읽어 지혜와 지식을 쌓았으며 주위의 모범이 되었으므로 독서쿠폰을 드립니다.

_____(인)

독서쿠폰

_____은 성실히 책을 읽어 지혜와 지식을 쌓았으며 주위의 모범이 되었으므로 독서쿠폰을 드립니다.

_____(인)

독서쿠폰

_____은 성실히 책을 읽어 지혜와 지식을 쌓았으며 주위의 모범이 되었으므로 독서쿠폰을 드립니다.

_____(인)

독서쿠폰

_____은 성실히 책을 읽어 지혜와 지식을 쌓았으며 주위의 모범이 되었으므로 독서쿠폰을 드립니다.

_____(인)

독서쿠폰

_____은 성실히 책을 읽어 지혜와 지식을 쌓았으며 주위의 모범이 되었으므로 독서쿠폰을 드립니다.

_____(인)

독서쿠폰

_____은 성실히 책을 읽어 지혜와 지식을 쌓았으며 주위의 모범이 되었으므로 독서쿠폰을 드립니다.

_____(인)

독서쿠폰

_____은 성실히 책을 읽어 지혜와 지식을 쌓았으며 주위의 모범이 되었으므로 독서쿠폰을 드립니다.

_____(인)

독서쿠폰

_____은 성실히 책을 읽어 지혜와 지식을 쌓았으며 주위의 모범이 되었으므로 독서쿠폰을 드립니다.

_____(인)

독서쿠폰

_____은 성실히 책을 읽어 지혜와 지식을 쌓았으며 주위의 모범이 되었으므로 독서쿠폰을 드립니다.

_____(인)

독서쿠폰

_____은 성실히 책을 읽어 지혜와 지식을 쌓았으며 주위의 모범이 되었으므로 독서쿠폰을 드립니다.

_____(인)

독서쿠폰

_____은 성실히 책을 읽어 지혜와 지식을 쌓았으며 주위의 모범이 되었으므로 독서쿠폰을 드립니다.

_____(인)

독서쿠폰

_____은 성실히 책을 읽어 지혜와 지식을 쌓았으며 주위의 모범이 되었으므로 독서쿠폰을 드립니다.

_____(인)

독서쿠폰

_____은 성실히 책을 읽어 지혜와 지식을 쌓았으며 주위의 모범이 되었으므로 독서쿠폰을 드립니다.

_____(인)

독서쿠폰

_____은 성실히 책을 읽어 지혜와 지식을 쌓았으며 주위의 모범이 되었으므로 독서쿠폰을 드립니다.

_____(인)

독서쿠폰

_____은 성실히 책을 읽어 지혜와 지식을 쌓았으며 주위의 모범이 되었으므로 독서쿠폰을 드립니다.

_____(인)

독서쿠폰

_____은 성실히 책을 읽어 지혜와 지식을 쌓았으며 주위의 모범이 되었으므로 독서쿠폰을 드립니다.

_____(인)

독서쿠폰

_____은 성실히 책을 읽어 지혜와 지식을 쌓았으며 주위의 모범이 되었으므로 독서쿠폰을 드립니다.

_____(인)